Venus d'ailleurs

Texte d'Angèle Delaunois
Photographies de Martine Doyon

Hurtubise

Catalogage avant publication de Bibliothèque et Archives nationales du Québec et Bibliothèque et Archives Canada

Delaunois, Angèle, 1946-

Venus d'ailleurs

Pour enfants de 4 ans et plus.

ISBN 978-2-89647-169-0

1. Multiculturalisme - Québec (Province) - Ouvrages pour la jeunesse.
2. Multiculturalisme - Québec (Province) - Ouvrages illustrés - Ouvrages pour la jeunesse.
I. Doyon, Martine. II. Titre.

FC2950.A1D44 2009 j305.8009714 C2009-941156-3

Les Éditions Hurtubise bénéficient du soutien financier des institutions suivantes pour leurs activités d'édition :
Conseil des Arts du Canada ;
Gouvernement du Canada par l'entremise du Programme d'aide au développement de l'industrie de l'édition (PADIÉ) ;
Société de développement des entreprises culturelles du Québec (SODEC) ;
Gouvernement du Québec par l'entremise du programme de crédit d'impôt pour l'édition de livres.

Photographies : Martine Doyon
Conception graphique et mise en page : Mance Lanctôt, Fig. communication graphique
Éditrice jeunesse : Sonia Fontaine
En couverture : photo de Sarah, Victoria et Leonardo
Ci-contre : photo de Jathiesh et Sabiha

ISBN 978-2-89647-169-0

Dépôt légal/4e trimestre 2009
Bibliothèque et Archives nationale du Québec
Bibliothèque et Archives du Canada

Diffusion-distribution au Canada :
Distribution HM
1815, avenue De Lorimier
Montréal (Québec) H2K 3W6
Téléphone : 514 523-1523
Télécopieur : 514 523-9969
www.distribtionhurtubise.com

Diffusion-distribution en Europe :
Librairie du Québec/DNM
30, rue Gay-Lussac
75005 Paris FRANCE
www.librairieduquebec.fr

Imprimé à Singapour
www.editionshurtubise.com

À Andrée, Agnès, Daniela, Dominique, Dynah, Geneviève, Maude, Myriame, Magda et Rinda qui sont d'ailleurs et d'ici. *A.D.*

Je tiens à remercier les enfants qui ont participé à ce beau projet, leur vitalité et leur regard ont été source d'inspiration. *M.D.*

Christella

Je viens de loin.
Je suis d'ailleurs.
Avant de venir ici,
Je vivais dans un autre pays.

Si tu devais partir ailleurs,
À l'autre bout du monde,
Toi qui es né ici,
Essaie d'imaginer
Ce que tu ressentirais.

Daryl et Rony

Je porte mon pays d'avant
Dans mes yeux et sur mon visage.
J'ai laissé ailleurs mes grands-parents,
La maison où j'ai grandi
Et le jardin où poussent mes racines.

Ici, je dois m'habituer à tant de choses.
Tout est nouveau, tout est étrange.
Mais si tu m'aides un peu,
Je trouverai ma place.

Mc Relis

Pour venir d'ailleurs,
J'ai fait un long voyage.
J'ai traversé des pays inconnus
Et des mers profondes.
Tout là-haut dans le ciel,
Je me sentais si petite.

Lorsque je suis arrivée ici,
Je ne connaissais rien ni personne.
Tout était si grand et si étrange
Que j'ai eu très peur.

Moudane

Mon village d'avant était bâti
Auprès d'un lac immense
Où tous les hommes allaient pêcher.
L'avenir pour ma famille,
C'était le bateau et le filet de mon père.

Ici, j'ai échangé mon lac turquoise
Contre un grand fleuve aux eaux grises.
Mais j'ai gagné mille possibilités
De vraiment choisir ma vie.

Mahawa et Zamrah

Dans mon pays d'avant,
Il faisait toujours chaud.
Un soleil ardent grillait tout
Et il ne pleuvait presque jamais.

Ici, j'ai découvert le rythme des saisons :
Le vert neuf du printemps,
La chaleur que j'aime au cœur de l'été,
Les feuilles rouges de l'automne
Et la rigueur de l'hiver
Où j'ai parfois si froid.

soccer competition

Cristian-David, Benjamin, Chistella, Bavithra, Jaëlle, Anderson et Yasmine

Dans le village où j'habitais,
L'école était toute petite.
Les livres et les cahiers étaient rares
Et toujours trop chers.

Ici, il y a plein de livres d'images
Et de crayons multicolores.
En dessinant sur mon papier tout blanc,
Je peux raconter avec mille couleurs
Tout ce que j'ai laissé derrière moi.

Merveille

Dans mon pays d'avant,
Je n'allais pas souvent à l'école.
Il y avait tant de travail à faire à la maison :
La cuisine, le ménage,
Surveiller mes petits frères…

Ici, tous les enfants vont en classe
Et je m'y suis fait plein d'amis.
J'adore apprendre à lire,
À écrire et à compter,
Même si je suis une fille.

Sarah

Dans mon pays d'avant,
L'eau était
Plus précieuse que tout.
Il fallait marcher longtemps
Pour atteindre le puits.
Au retour, chaque bouteille pesait lourd.

Ici, il y a de l'eau partout.
J'aime faire couler des gouttes
Sur ma peau.
Souvent, les deux bras grands ouverts,
Je me promène sous la pluie
En buvant l'eau du ciel.

Imran

J’aimais la belle ville blanche
Où nous étions si heureux.
Mais lorsque la guerre est arrivée,
Nous sommes partis très vite,
Abandonnant tout derrière nous.

Ici, j’ai retrouvé la paix et mes rêves.
Les cauchemars s’éloignent.
Il n’y a pas de bombes.
Mais parfois, je cours me cacher
Lorsque j’entends au loin
Le bruit des sirènes.

Ikrame, Jamila et Sofia

Près de ma maison d'ailleurs,
Dans un jardin
Plein d'arbres et de fleurs,
On cultivait les légumes et les fruits
Qui se retrouvaient dans la cuisine
De ma mère.

Ici, j'ai découvert de nouveaux aliments :
Les frites, la pizza
Et le sirop sucré des arbres.
Nous n'avons plus de jardin,
Mais le couscous de ma mère
Sent toujours aussi bon.

Imran, Yasmine, Jathiesh et Zahra

Je ne suis pas toujours
habillé comme toi.
Si je porte un voile, une tunique,
Un turban ou une kippa,
C'est parce que je respecte les traditions
De mon pays d'avant.

Mais ici, tout pareil à toi,
Je chausse des patins
Pour faire des pirouettes sur la glace.
Et je mets un anorak,
Des bottes et des mitaines
Pour dessiner des anges sur la neige.

Bavithra, Leïla, Maxim, Corinne et Ikrame

Les fêtes de mon pays d'avant
Ne sont pas les mêmes
Que les tiennes.
À Diwali, on fête la lumière.
Pour Hanoukkah, on reçoit des cadeaux.

Avec toi, j'ai découvert
Les sorcières aux bonbons
Et la petite fée qui récolte les dents
Sous les oreillers.
Mais Babouchka et saint Nicolas
Ressemblent comme deux gouttes d'eau
À ton père Noël.

Leonardo

Dans mon pays d’avant,
Je parlais
Une autre langue que la tienne,
Avec des rythmes différents
Et des images remplies de musique.

Pour communiquer avec toi,
J’ai appris ton langage,
Même si c’était long et difficile.
Mais le soir, à la maison,
Je retrouve les mots chantants
Qui font sourire mes parents.

SENNHEISER

Mélodie et Loïc

Ma langue maternelle,
C'est la même que la tienne.
Je la parle avec des expressions
Et des images qui racontent les coutumes
Et les saisons de mon pays d'avant.

J'ai appris les mots spéciaux qui sont à toi :
La « poudrerie » de l'hiver,
La « brunante » des soirs d'été…
Pourquoi ris-tu en m'écoutant parler ?
Où qu'on aille, on a toujours un accent
Pour quelqu'un d'autre.

Victoria

De ce pays d'ailleurs
Où je suis née,
Je ne me souviens pas.
J'étais encore un tout petit bébé
Lorsque mes parents sont venus
M'adopter.

Mes premiers souvenirs,
Mon avenir, ma vie
Et tous les gens que j'aime sont ici.
Mais lorsque je regarde dans un miroir
Mes beaux yeux en amande,
Je rêve à mon pays d'avant.

Ulysse

Tout autant que toi,
Je suis d'ici.
Mes ancêtres occupaient cette terre
Bien avant que les tiens arrivent.
Mieux que toi, je connais les secrets
De nos forêts et de nos rivières.

Dans mon pays conquis,
J'ai apprivoisé tes coutumes,
Et j'essaie de comprendre tes ambitions.
Mais toi, tu ne me vois même pas.
Pourtant, la sagesse de mon peuple
Pourrait t'apprendre bien des choses.

Agustin et Citlaly

Pas plus que toi,
Je n'ai choisi le pays où je suis né.
Pas plus que toi, je n'ai choisi
La langue qui m'a bercé
Et que je parlerai toujours.
Je n'ai pas décidé de vivre ici.
En émigrant, mes parents espéraient
Pour nous tous une vie meilleure.

PRO

Nathalie et Litzy

Je partage mon cœur
Entre deux pays,
Entre deux familles, et tu en fais partie.
Je ne veux pas oublier mon pays d'avant.
Mais je travaille très fort pour planter ici
Quelques nouvelles racines.
Même si je souris,
Ce n'est pas tous les jours facile d'être
D'ailleurs et d'ici !

Les éditions Hurtubise ainsi que les créatrices de cet album,
Angèle Delaunois et Martine Doyon, tiennent à remercier chaleureusement
les membres du **Projet 80**
et du **80, Ruelle de l'avenir** :
Daniel Paquin, Sophie Aubin, Corinne Ameteau,
Kathy Letellier ainsi que tous leurs collègues.
Créé par l'organisme **Projet 80** et **Gaz Métro**,
le **80, Ruelle de l'avenir** est un lieu d'apprentissage unique.
Il a été conçu pour que les jeunes de certaines écoles de la C.S.D.M.
(quartiers Centre-Sud et Hochelaga-Maisonneuve) aient les moyens
de développer leur plein potentiel.
L'objectif est d'offrir aux enfants et aux parents un endroit chaleureux
où les connaissances, les compétences et les habiletés se développent
au fil des rencontres et des expériences.
Les éditeurs, l'auteure et la photographe remercient et félicitent également
tous les enfants et les parents qui ont contribué activement à la réalisation de cet album.